KB238171

너도 보이니? ❻

월터 윅 지음 | 박소연 옮김

달리

CAN YOU SEE WHAT I SEE? ON A SCARY SCARY NIGHT
by Walter Wick

Copyright ⓒ 2008 by Walter Wick
All rights reserved.
This Korean edition was published by Dahli Children's Books, Inc. in 2009 by arrangement with Scholastic Inc.,
557 Broadway, New York, NY 10012, USA through KCC(Korea Copyright Center Inc.), Seoul.
이 책은 (주)한국저작권센터(KCC)를 통한 저작권자와의 독점계약으로 달리에서 출간되었습니다.
저작권법에 의해 한국 내에서 보호를 받는 저작물이므로 무단전재와 복제를 금합니다.

너도 보이니? ❻
어느 무시무시한 밤에
월터 윅 지음 | 박소연 옮김

1판 1쇄 펴냄 2009년 10월 19일
1판 25쇄 펴냄 2023년 11월 23일

책임편집 박소연 | **디자인** 심홍섭

펴낸이 박소연 | **펴낸곳** (주)도서출판 달리 | **등록** 2002. 6. 4.(제10-2398호)
04008 서울시 마포구 희우정로 16길, 17-5 | 전화 02) 333-3702 | 팩스 02) 333-3703
ISBN 978-89-5998-075-8 74000
       978-89-90364-57-9 (세트)

이 도서의 국립중앙도서관 출판시도서목록(CIP)은 e-CIP
홈페이지(http://www.nl.go.kr/ecip)에서 이용하실 수 있습니다.
(CIP제어번호 : CIP 2009003027)

차례

너도 보이니?

언덕 위 성 한 채,
사슴 한 마리,
용 한 마리,
여우 한 마리,
뼈만 남은 생선 한 마리,
말 한 마리와 마차 한 대,
하트가 새겨진 돌 세 개,
손도끼 한 자루, 산토끼 한 마리,
해골 네 개, 코브라 한 마리,
너구리 한 마리, 곰 한 마리,
자고 있는 박쥐 한 마리,
웃고 있는 고양이 한 마리!

자, 무시무시한 밤의 세계로
용감하게 여행을 떠나 볼까?

너도 보이니?

거미 두 마리, 뱀 한 마리,
나방 한 마리,
도마뱀 한 마리,
잠자리 한 마리,
마녀랑 마법사 한 명씩,
단추 하나, 마법의 열쇠 하나,
망치랑 톱도 한 자루씩,
프라이팬을 집고 있는
전갈 한 마리,
딱정벌레 한 마리,
개구리 세 마리,
사냥감을 노리는 새 한 마리!

그리고 으스스 달님이
여행길을 밝혀 주지!

너도 보이니?

커다란 뼈 한 조각, 병 하나,
실이 감겨 있는 실패 하나,
마차 바퀴 하나,
말 머리 하나,
시계 하나, 나무집게 하나,
과자로 만든 집 한 채,
보트 다섯 척, 사다리 하나,
쇠골무 하나, 생쥐 한 마리,
울부짖는 늑대 한 마리,
오싹하게 찌푸린 얼굴 하나!

오싹오싹 마을을 떠나
겁쟁이가 아니란 걸
증명할 수 있겠니?

Scary View Manor
THE CAULDRON
Charon Street
Midnight Special
Frogeye SOUP

너도 보이니?

파란 우산 하나,
오리 머리 장식이 달린
지팡이 하나,
유리창에 붙은 거미줄 하나,
개구리 다섯 마리, 박쥐 한 마리,
야구 방망이 한 자루,
종 하나, 달팽이 한 마리,
망치 한 자루, 집게발 하나,
길고 긴 마녀의 손톱 하나,
창턱 위 겁에 질린
고양이 한 마리!

무시무시한 여행을 계속하려면
언덕을 올라야 한다는 사실쯤은
알고 있겠지?

15

너도 보이니?

도끼 한 자루, 삽 한 자루,
관 하나, 무덤 하나,
미끄덩 뱀 한 마리,
무시무시한 해골 동굴 하나,
높이 나는 까마귀 한 마리,
부엉이 한 마리, 기사 한 명,
빗자루 하나, 마녀 한 명,
마녀의 검은 고양이 한 마리,
연 하나,
비명을 지르는 나무 두 그루,
개구리 한 마리랑
열쇠 네 개까지!

다 찾았으면 성 안으로
한번 들어가 볼까?

너도 보이니?

도마뱀 혀 하나,
텅 빈 액자 두 개,
잠자리 세 마리,
불꽃 속 해골 하나,
숨어 있는 코끼리 한 마리,
시계 하나, 열쇠 하나,
검 다섯 자루,
거북이 등껍질 하나,
공작새 한 마리, 벌 한 마리,
공룡의 발자국들,
부엉이 세 마리, 곰 두 마리!

자, 이제 기사를 지나
비명의 계단을 올라가자!

너도 보이니?

뼈다귀 손 하나,
거미 한 마리, 대왕 쥐 세 마리,
왕관 하나, 해골 네 개,
원숭이 한 마리, 박쥐 다섯 마리,
돌 속에 박힌 검 한 자루,
사자 한 마리, 종 하나,
도마뱀 한 마리, 자물쇠 하나,
방패 하나, 조개껍데기 하나,
행운의 말발굽 표시 하나,
화살 하나, 까마귀 한 마리!

자, 비명의 계단을 지나
더 높은 곳으로 출발!

너도 보이니?

앵무새 한 마리, 게 한 마리,
거북이 두 마리, 염소 한 마리,
원숭이 한 마리, 도토리 한 톨,
돌고래 한 마리, 배 한 척,
나비 세 마리,
전갈 꼬리도 하나,
펜치 하나,
소원을 이뤄 주는
새의 가슴뼈도 하나,
고래 한 마리,
빗자루 하나, 용 한 마리,
공룡 다섯 마리!

해골 아저씨 찬장은
무서워서 열 수 없을걸?

너도 보이니?

배고픈 생쥐 한 마리,
등짝에 해골 무늬가 있는
거미 한 마리,
배 세 척, 해초 속 닻 하나,
낙타 기수 한 명,
죽음의 상징인 해골 문양 하나,
실패 하나, 자전거 한 대,
화살촉 모양 돌 하나,
으스스 구석에 애꾸눈 해골 하나!

조금 더 가까이 가 볼까?

영혼의 물약

너도 보이니?

뼈다귀 새의 부리 하나,
빛나는 초록색 눈 한 쌍,
물고기의 아가미 뼈 하나,
용 한 마리, 파리 세 마리,
미라의 관 하나,
생쥐 한 마리, 개구리 한 마리,
원숭이 한 마리, 달 하나,
토끼 한 마리, 개 한 마리,
태엽 하나,
숟가락 하나, 포크 하나,
그리고
영혼의 물약이 새어 나오는
코르크 마개 하나!

너도 보이니?

촛대 하나,
큰 가마솥 하나,
고양이 다섯 마리,
유령의 손 하나,
마법사의 모자 두 개,
다람쥐 한 마리, 뱀 세 마리,
원숭이 세 마리,
파리 한 마리, 깃털 하나,
캥거루 한 마리,
옛날 옛적 마술책 한 권!

이 책장을 넘기면
더 무시무시한 게
기다리고 있을걸!

MAGIC IN THE MIDDLE AGES
혼의 물약

너도 보이니?

전갈 한 마리,
비명을 지르는 나무 한 그루,
모래시계 하나, 열쇠 하나,
아주 작은 거미 한 마리,
거위 한 마리, 고양이 한 마리,
왕자처럼 기품이 있는
개구리 한 마리,
벌 한 마리, 박쥐 한 마리,
마법사의 바람 한 줄기,
마녀의 신발 한 짝,
병 속에서 나온 유령까지!

으악!

어느 무시무시한 밤에

언덕 위성 한 채,
사슴 한 마리,
용 한 마리,
여우 한 마리,
뼈만 남은 생선 한 마리,
말 한 마리와 마차 한 대,
하트가 새겨진 돌 세 개,
손도끼 한 자루, 산토끼 한 마리,
해골 네 개, 코브라 한 마리,
너구리 한 마리, 곰 한 마리,
자고 있는 박쥐 한 마리,
웃고 있는 고양이 한 마리!

으스스 달님 아래

거미 두 마리, 뱀 한 마리,
나방 한 마리,
도마뱀 한 마리,
잠자리 한 마리,
마녀랑 마법사 한 명씩,
단추 하나, 마법의 열쇠 하나,
망치랑 톱도 한 자루씩,
프라이팬을 집고 있는 전갈 한 마리,
딱정벌레 한 마리,
개구리 세 마리,
사냥감을 노리는 새 한 마리!

오싹오싹 마을로 출발!

커다란 뼈 한 조각, 병 하나,
실이 감겨 있는 실패 하나,
마차 바퀴 하나,
말 머리 하나,
시계 하나, 나무집게 하나,
과자로 만든 집 한 채,
보트 다섯 척, 사다리 하나,
쇠골무 하나, 생쥐 한 마리,
울부짖는 늑대 한 마리,
오싹하게 찌푸린 얼굴 하나!

유령의 거리

파란 우산 하나,
오리 머리 장식이 달린 지팡이 하나,
유리창에 붙은 거미줄 하나,
개구리 다섯 마리, 박쥐 한 마리,
야구 방망이 한 자루,
종 하나, 달팽이 한 마리,
망치 한 자루, 집게발 하나,
길고 긴 마녀의 손톱 하나,
창턱 위 겁에 질린 고양이 한 마리!

천둥 치는 언덕 위 성

도끼 한 자루, 삽 한 자루,
관 하나, 무덤 하나,
미끄덩 뱀 한 마리,
무시무시한 해골 동굴 하나,
높이 나는 까마귀 한 마리,
부엉이 한 마리, 기사 한 명,
빗자루 하나, 마녀 한 명,
마녀의 검은 고양이 한 마리,
연 하나,
비명을 지르는 나무 두 그루,
개구리 한 마리랑 열쇠 네 개까지!

오싹오싹 성 안

도마뱀 혀 하나,
텅 빈 액자 두 개,
잠자리 세 마리,
불꽃 속 해골 하나,
숨어 있는 코끼리 한 마리,
시계 하나, 열쇠 하나,
검 다섯 자루,
거북이 등껍질 하나,
공작새 한 마리, 벌 한 마리,
공룡의 발자국들,
부엉이 세 마리, 곰 두 마리!

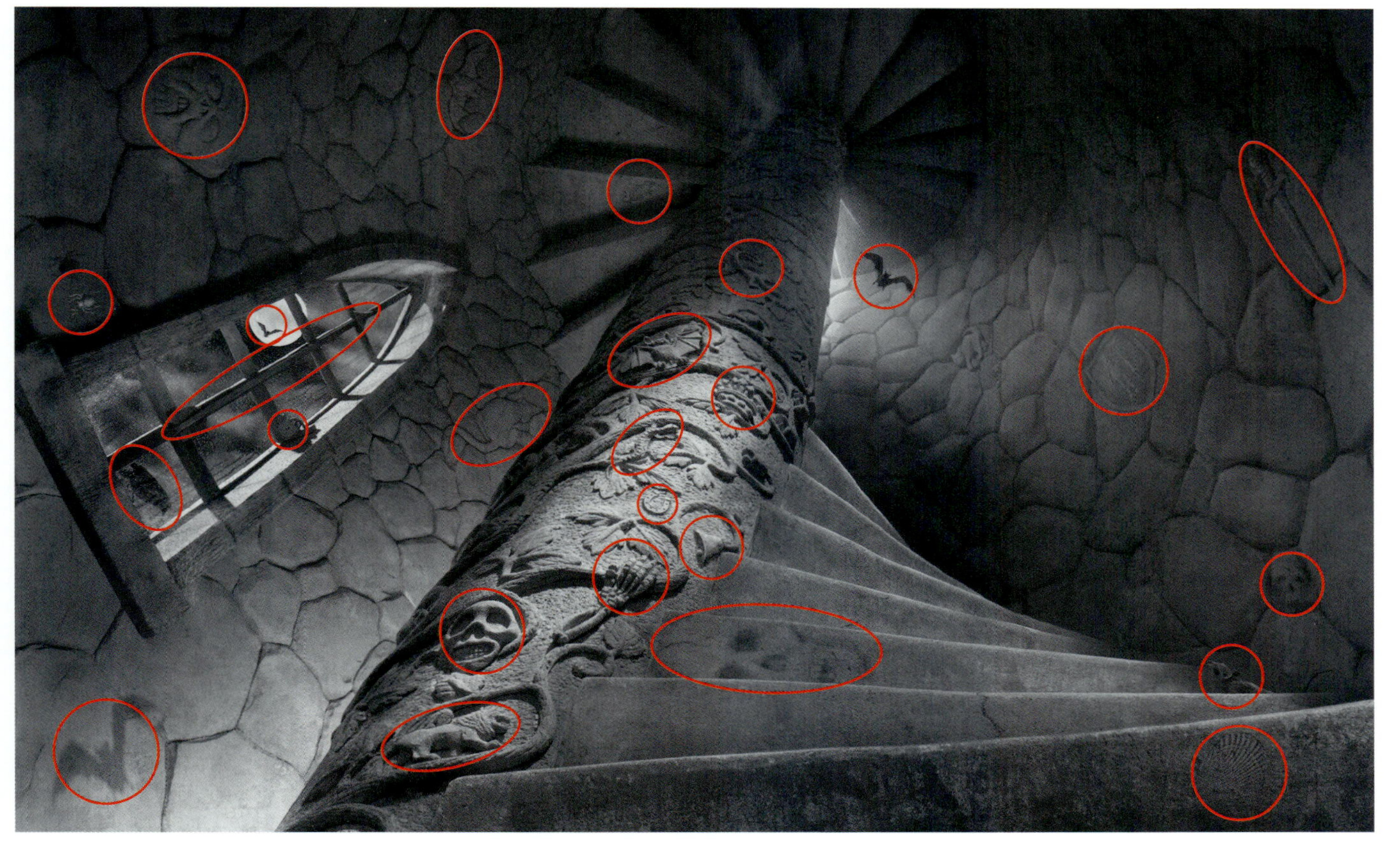

비명의 계단

뼈다귀 손 하나,
거미 한 마리, 대왕 쥐 세 마리,
왕관 하나, 해골 네 개,
원숭이 한 마리, 박쥐 다섯 마리,
돌 속에 박힌 검 한 자루,
사자 한 마리, 종 하나,
도마뱀 한 마리, 자물쇠 하나,
방패 하나, 조개껍데기 하나,
행운의 말발굽 표시 하나,
화살 하나, 까마귀 한 마리!

전율이 흐르는 으스스 타워

앵무새 한 마리, 게 한 마리,
거북이 두 마리, 염소 한 마리,
원숭이 한 마리, 도토리 한 톨,
돌고래 한 마리, 배 한 척,
나비 세 마리,
전갈 꼬리도 하나,
펜치 하나,
소원을 이뤄 주는 새의 가슴뼈도 하나,
고래 한 마리,
빗자루 하나, 용 한 마리,
공룡 다섯 마리!

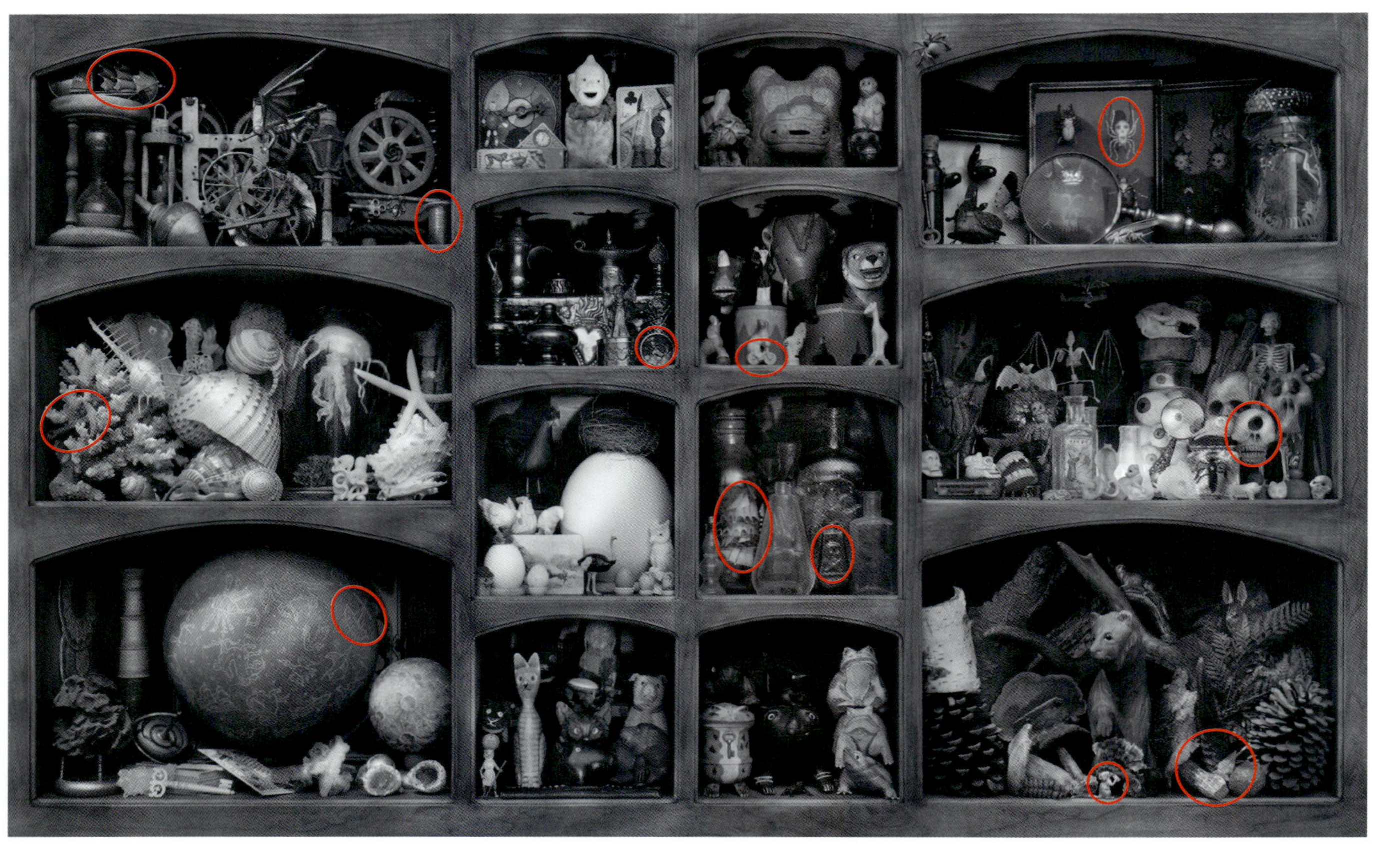

해골 아저씨 찬장엔
뭐가 뭐가 꼭꼭?

배고픈 생쥐 한 마리,
등짝에 해골 무늬가 있는
거미 한 마리,
배 세 척, 해초 속 닻 하나,
낙타 기수 한 명,
죽음의 상징인 해골 문양 하나,
실패 하나, 자전거 한 대,
화살촉 모양 돌 하나,
으스스 구석에 애꾸눈 해골 하나!

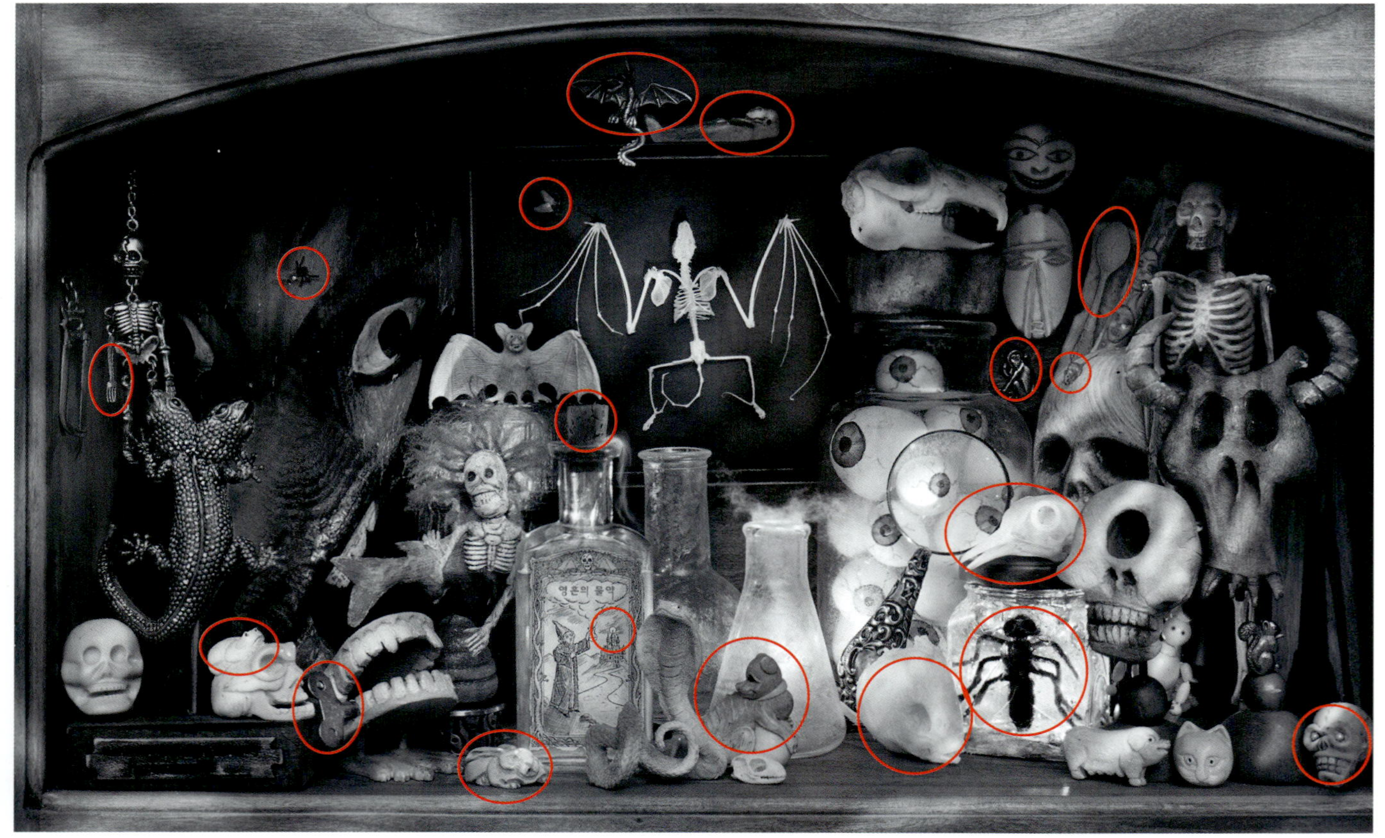

찬장 속의 소름 돋는 보물

뼈다귀 새의 부리 하나,
빛나는 초록색 눈 한 쌍,
물고기의 아가미 뼈 하나,
용 한 마리, 파리 세 마리,
미라의 관 하나,
생쥐 한 마리, 개구리 한 마리,
원숭이 한 마리, 달 하나,
토끼 한 마리, 개 한 마리,
태엽 하나,
숟가락 하나, 포크 하나,
그리고
영혼의 물약이 새어 나오는
코르크 마개 하나!

무시무시한 약병

촛대 하나,
큰 가마솥 하나,
고양이 다섯 마리,
유령의 손 하나,
마법사의 모자 두 개,
다람쥐 한 마리, 뱀 세 마리,
원숭이 세 마리,
파리 한 마리, 깃털 하나,
캥거루 한 마리,
옛날 옛적 마술책 한 권!

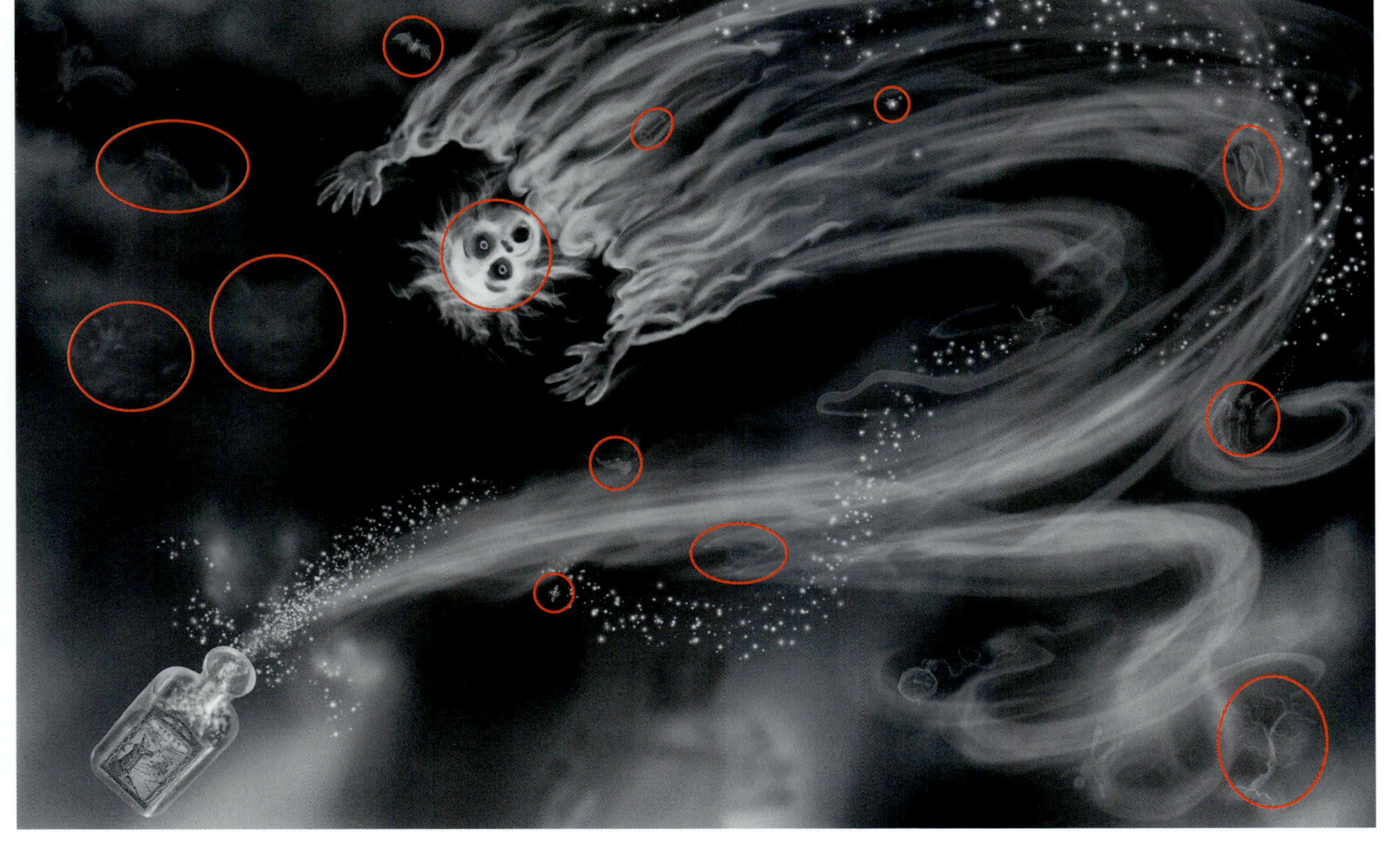

으악! 귀신이다

전갈 한 마리,
비명을 지르는 나무 한 그루,
모래시계 하나, 열쇠 하나,
아주 작은 거미 한 마리,
거위 한 마리, 고양이 한 마리,
왕자처럼 기품이 있는 개구리 한 마리,
벌 한 마리, 박쥐 한 마리,
마법사의 바람 한 줄기,
마녀의 신발 한 짝,
병 속에서 나온 유령까지!

《너도 보이니? ❻ : 어느 무시무시한 밤에》는 《어둔 밤 숲속》이라는 전래동화에서 영감을 얻었습니다.

《어둔 밤 숲속》을 열두 편의 그림 이야기로 각색하여 편집한 이 책은 소품들이 실제 크기보다 크게 보일 때까지 카메라 상을 확대시켜 시각적 표현을 극대화하였습니다. 저 멀리 떨어진 언덕 위의 성에서 시작하여 성의 가장 높은 탑 안에서 끝나는 이 이야기의 확장 기법은 병의 라벨이 실제 크기보다 8배 이상 커지는 아주 작은 병에 초점을 맞춰 원래 크기였을 때는 보이지 않던 서른 여섯 개의 숨은 그림들을 밝혀냅니다. 요술이 과학과 섞이고, 전설이 사실과 뒤섞이는 옛날이야기에 담긴 주제들은 친숙함 속에 낯설음을 선사하고 때때로 착시 현상까지 경험하게 되는 이 특별한 숨은그림찾기 모험의 훌륭한 배경이 되어 줍니다. 하지만 예리한 눈을 가진 독자라면 이 모험을 마쳤을 때 어떤 사물들이 처음 비춰진 모습과 다르다는 사실과 대부분의 사물들이 처음 보였던 것처럼 무섭지 않다는 것을 깨닫게 될 것입니다.

감사의 말

나의 스태프들과 프리랜서 작가들에게 영원한 빚을 졌습니다. 이들의 노력이 없었다면, 이 책을 만드는 것은 불가능했겠지요. 스튜디오 매니저인 댄 헬트가 작업실을 관리하면서 컴퓨터와 카메라에 관련된 기술적인 도움을 주었습니다. 소품 담당자인 에밀리 카파는 스튜디오를 정리하고 귀중한 작가 분들에게 작업실에서 불편함이 없도록 도움을 주었습니다. 프리랜서 작가 분들에게도 특별한 감사함을 표합니다. 〈유령의 거리〉에 나오는 집 두 채와 〈비명의 계단〉의 계단 기둥, 〈전율이 흐르는 으스스 타워〉의 찬장, 〈어느 무시무시한 밤에〉와 〈천둥 치는 언덕 위 성〉에 등장하는 커다란 나무들과 함께 여러 기발한 소품들을 만들어 주신 랜디 질먼, 〈오싹오싹 마을로 출발!〉에 등장하는 백여 개가 넘는 모형 집들, 〈해골 아저씨 찬장엔 뭐가 뭐가 꼭꼭?〉의 선반들, 〈유령의 거리〉에 나오는 집들, 돌벽들과 돌길은 물론 여러 독창적인 작업을 해 준 마이클 갤빈, 〈오싹오싹 성 안〉의 성 안과 〈비명의 계단〉 설치 외에도 훌륭한 모형 조경들을 설치해 주신 마이클 로켄스가드에게도 감사의 말을 전합니다. 또한 예술적 재능을 빌려준 니클라스 로켄스갈드와 얼리치 비커메이어에게도 감사합니다. 마지막으로, 나의 아내 린다, 당신의 후원과 사랑에 진심으로 고마움을 전합니다.

월터 윅

*이 책의 모든 세트들은 월터 윅이 디자인하고 배치하고, 촬영하였습니다.

월터 윅은 전 세계적으로 3천만 부 가까이 판매된 〈나는 찾아요〉 시리즈의 작가입니다. 그가 직접 글을 쓰고 사진을 찍은 《물 한 방울》은 '보스턴 글로브 혼 북' 상을 받았으며, 미국 도서관 협회의 '주목할 만한 책', '오르비스 픽톡스 명예 도서', 캐나다 방송 협회의 '우수 어린이 과학도서'로 선정되었습니다. 또 다른 책 《눈속임》 역시 미국 도서관 협회의 '주목할 만한 어린이 책', 〈뉴욕타임스〉 북리뷰의 '우수 어린이 그림책'으로 선정되었으며, 〈오펜하임 장난감 작품 선집〉의 '플래티늄 상', 〈사이언티픽 아메리칸〉의 '어린이 독자상', 미국 학부모들이 고른 '좋은 책' 상 등 여러 상을 받았습니다. 파이어 미술대학을 졸업한 월터 윅은 현재 미국 코네티컷주에서 부인 린다와 함께 살고 있습니다.

*월터 윅에 관련된 더 많은 정보는 www.walterwick.com에서 보실 수 있습니다.

박소연은 미국 스미스 대학교에서 경제학을 공부하고, 서울 대학교에서 경영학 석사 과정인 MBA를 졸업하였습니다. 지금은 어린이책을 기획하고 번역하고 있습니다. 옮긴 책으로는 《핑!》, 《용기 있는 아이 메이플》, 《우리 다시 만나요》, 《떠나고 싶은 날에는》, 《많아요》, 《엄마가 항상 곁에 있을게》, 《내가 사랑하는 나무의 계절》, 〈리틀 피플 빅 드림즈〉 시리즈 등이 있습니다.